코 끝의 도시

시인의일요일시집 **041**

코 끝의 도시

초판 1쇄 펴냄 2025년 12월 10일

지 은 이 성은주
펴 낸 이 김경희
펴 낸 곳 시인의일요일

표지·본문디자인 이율디자인
경영지원 양정열

출판등록 제2021-000085호
주   소 경기도 용인시 기흥구 연원로42번길 2
전   화 031-890-2004
팩   스 031-890-2005
전자우편 sundaypoet@naver.com
블 로 그 https://blog.naver.com/sundaypoet

ISBN 979-11-92732-29-9(03810)

값 12,000원

대전문화재단

* 이 사업은 대전광역시,(재)대전문화재단에서 사업비 일부를 지원 받았습니다.

코 끝의 도시

성은주 시집

| 시인의 말 |

바다를 가르는 배 한 척처럼
삶에 밑줄을 긋는다

물때 묻은 밧줄로
잠시 여기 묶어 둔다

차 례

1부 해변엔 마감이 없다

문어 ······· 12
Shall we move ······· 14
길고 흰 책 ······· 17
연화정도서관 ······· 20
소멸하지 않고 서성거리는 ······· 22
카이트보드 ······· 24
칠곡 ······· 26
최후의 심판 ······· 27
사라진 것들을 위하여 ······· 30
별이 빛나는 밤에 ······· 32
숨은그림찾기 ······· 34
나홀로나무 ······· 36
세탁 ······· 40
몽돌 ······· 42

2부 서로의 이름이 미끄러지지 않도록

거가대교 ········ 44
재재在在 ········ 45
손 ········ 48
희극과 비극 사이 ········ 50
구조 조정 ········ 53
어쩔 수 없는 일 ········ 56
목화 ········ 58
시소 ········ 60
점, 占 ········ 63
안국역 6번 출구 ········ 66
그러니까 ········ 68
Kiss ········ 71
테베를 여는 100개의 문 ········ 72
간단합니다 ········ 74
에트르타 절벽의 일몰 ········ 76
붉은점모시나비 ········ 78
체라푼지 ········ 80
바다 고양이 식당 ········ 82
무언극 ········ 84

해어화 ········ 86
나를 닮은 사람 ········ 89
싱잉볼 ········ 90
나 없이 너는 ········ 92

3부 바나나처럼 휘어 있는 소문

코끝의 도시 ……… 96
모르는 사람들 ……… 98
선 ……… 101
당신의 계절 ……… 104
고속도로 ……… 106
게르니카 ……… 109
거품에 대하여 ……… 112
사과는 없었다 ……… 114
종이 피에로 ……… 117
파이프오르간 ……… 120
코시안 ……… 122
무엇이든 위조해 드립니다 ……… 124
투탕카멘의 황금마스크 ……… 126
초 ……… 128
포말하우트 ……… 130

해설 ········ 133
다시 쓰는 일은 다시 사는 일 | 고봉준(문학평론가)

1부

해변엔 마감이 없다

문어

바닥에 가보면 알 수 있다

가장 낮은 곳에서
물의 혀가 스친 자리마다
문장이 수초처럼 자란다

다시 쓰는 일은 다시 사는 일

그는 오늘도 살아보겠다고
먹물을 터뜨려 침묵을 펼친다

검게 번지는 세상을 더듬다가
움켜쥐는 대신 감싸며 붙잡는다

조약돌, 조개껍데기, 병 조각, 낚싯줄

죽지 않고 남겨진 것들은
작은 불빛 흔들고 심해로 가듯

그도 바닥으로 가 무늬를 지운다

Shall we move*

파도는 집이 있을까요 저토록 매일 부서지는데도
한 칸짜리 꿈을 등에 이고
나는 또 낯선 소라껍데기를 기웃거립니다

누군가 벗어 둔 껍데기 안에 몸을 접어 넣고
물기 어린 어둠을 베개 삼아 구겨진 채 잠듭니다

모래는 분양을 속삭이듯 매물 광고처럼 빈짝입니다
치약 뚜껑 같던 어제보다 조금 넓고
물이 덜 고이는 방 하나쯤,
부동산 중개소보다 해변이 더 많은 주소를 품고 있지요

빚을 감당하지 못한 소라들이 껍데기를 던지고 떠납니다
우리는 그 빈자리에 들어가
아무 일 없는 얼굴로 조심스레 그늘을 뒤집어씁니다

이웃과 눈 마주치는 일조차 소금기 어린 경계가 됩니다
어떤 관계는 깊이 엮이면 부서진다는 것을

오래전부터 알고 있었으니까요

나는 항상 먼저 나를 접습니다
집게를 안으로 말고 속내를 감춘 채 살아갑니다

누가 먼저 떠났는지
무엇이 부서졌는지
스치고 간 물고기의 방향에 대해
더는 묻지 않습니다

오늘도 또 다른 껍데기를 찾아 기어가는 중입니다

Shall we move?
Shell we move?

크고 작은 껍데기를 비교하기보다는
부서지지 않고
쫓겨나지 않고

같은 물결로 버틸 수 있는 지붕을
서로의 등에 얹을 수 있다면

이사는 파도에 쓸려도 부서지지 않는 집을 꾸려
서로를 지키는 방식인지도 모릅니다

* 소라게의 주택난 해결 캠페인 슬로건.

길고 흰 책

노을이 지나간 골목에 버려진 책이 쌓여 있다

찢긴 표지
접힌 모서리
밟힌 문장들

손때 묻은 페이지를 가만히 넘겨본다 씨앗처럼 심어놓은 글자를 쥐고 손가락을 움직이면 저기, 창문 열린 방에 한 사람이 서 있다 커튼 너머 손톱을 깎는 남자와 창가에 놓인 화분이 바람에 흔들릴 때마다 멀리 신호등이 깜빡인다 건너편 작은 그림자가 멈춰 선다 낡은 가방을 들고 길을 건너려다 멈춘다 어디서 왔는지, 어디로 가는지, 아무도 묻지 않고 신호를 기다리는 시선들

짧았던 단어가 점점 길어진다
쌓여 있는 종이 사이로
길 잃은 문장들이 모여든다

관심 밖으로 밀려난 제목과 아무도 기억하지 않는 기록을
누군가는 쓸어 담고 누군가는 버린다

집마다
떠도는 이름들을 거두듯
창가에 화분을 올려 둔다

보이지 않는 손이 등을 밀어 주듯
물 한 방울 없이도
자라는 것들이 있다

벽돌 사이,
뿌리 하나가 천천히 균열을 낸다

어떤 불빛은 늘 같은 시간에 꺼지고 어떤 창문은 끝내 열리지 않는다 끝을 알 수 없는 결말처럼, 마지막 버스를 놓친 사람의 뒷모습처럼, 넘겨지지 않는 페이지가 있다 어디에도 속하지 못한 문장이 있다

아무도 살지 않는 곳에서
아무도 없는 곳에서
누군가는 끝없이 자라고 있다

누군가는 여전히 길고 흰 책장을 넘긴다

연화정도서관

물 위에서 뒤척이는 달을
기와 아래 책갈피처럼 끼우고
오늘도 수백 년의 속삭임을 정독한다

빽빽한 이야기를 품은 연못을 펼치면
붓꽃은 첫 문장이 되어 보랏빛 문단을 이루고
오리 떼는 쉼표가 되어 물결의 행간을 가른다

나는 독서대처럼 서서 배롱나무를 읽는다

연꽃이 피는 페이지에 이르자
다시 사랑을 믿기로 한다
진흙 덩어리 같은 사람들 사이로
끊임없이 쏟아지는
결과 결

바람의 모음과 연잎의 자음이 만나
연분홍빛 운율로 고요가 핀다

팔작지붕 아래, 오래된 슬픔을 한 줄씩 말리고
새들이 떠나는 방향으로 문장은 열린다

기와 그림자 따라 진열된 시간은
점, 선, 면, 여백이 되어
그리운 이도
잊으려는 이도
책 한 권처럼 나에게 온다

소멸하지 않고 서성거리는

> 가위는 연필보다 한층 감각적이다
> – 앙리 마티스

빳빳한 종이에 글씨를 올린다
첫 획이 잎맥처럼 번질 때
멀리 있던 그대가 건너오듯 하얀 꽃이 켜진다

우리 사이에 놓인 공기를 펼쳐
접힌 곳마다 이름을 새겨 넣는다
푸른 얼굴이 지워지지 않도록
진공 포장해 얼려 두어야 할까

종이 모퉁이에 숨은 널 부재라 하자

오색달팽이 패각에 휘도는 다정한 무늬
손으로 잡으려 해도 잡히지 않고
내가 고개를 들면 위로, 숙이면 아래로
방향을 바꾸는 만큼 네 위치도 옮겨 간다
조각조각 흐르는 소릴 아직 난 듣고 있다

그대는 가장 잘 보이는 벽에 걸고 싶은 그림이다

계절의 매듭을 풀면 덩그러니 남는 종이꽃
대각선으로 걷다가 모서리에서 이마를 짚는다
꽃잎은 부드러운 살결을 닮아서
물기 찬 이파리마저 오려오고 싶어진다

오늘 나는 연필을 내려놓고 가위를 든다
소멸하지 않고 서성거리는 것들을
네 이름 모양으로 잘라 여백에 붙인다

카이트보드

바람이 다림질해 놓은 모래언덕을 걸었어요

아무것도 갖지 않은 맨발 끌고 아파도 아픈 줄 모르고 뜨거운 모래 알갱이를 털지 않은 채, 휘청이다 눈 꼭 감으면 어른이 되었다고 해요 눈 뜨니 어른을 모르던 때가 더 짜릿했다는 걸 알았죠 모르는 게 많아도 더듬고 다녀도 한 칸 한 칸 휩쓸리며 열리는 삶

기울어진 발목 아래 작은 집 하나 얻고
짐작할 수 없는 속력을 내요

밀려나며 균형을 배우고 있어요

사막에서 보는 해는 나를 지켜보는 눈동자 같아서 더 멋진 포즈로 깃발처럼 펄럭이면 가벼운 꿈이 나를 들어 올려요 팽창하는 삶이 그런 걸까요 언제 터질지 모르지만, 언제 넘어질지 모르지만,

익숙해지기 싫어요
능숙한 것들은 징그러워요

쉬운 길은 너무 진부해요. 구불구불한 길처럼 서툰 숨소리가 꿈틀거리는 고음과 저음 속에서 팔을 휘젓고 싶어요 험난한 길도 괜찮아요 새로 산 노트 같은 언덕에 어디든 연필로 써내려가듯 끝까지 달리면 닿을 수 있는 미지의 숲처럼

사각사각 발 굴릴 때마다
모래언덕이 일그러지는 게 좋아요

칠곡

밀어오고 밀려가는 날씨 속에서 허우적대다가 방향을 잃었지. 자전거 타다가 넘어져 까진 무릎처럼 오래 아프고 쓰라렸어. 아무도 모르게 벗겨진 상처를 감싸고 다녔는데 엉뚱한 목소리가 날아와 조각조각 깨진 창문 앞에 서 있게 되었지. 무너지는 기도 소리가 들렸어. 모두 제자리로 돌아갈 수 없다는 걸 잘 알아. 주사위 놀이하듯이 뒤집고 뒤집히는 옆구리 숫자. 위태롭게 버티다가 뒤틀리니까 넘어지니까 보이는 것들이 있네. 어둡고서야 드러나는 별처럼, 깨지고서야 더 아름답게 빛난다는 스테인드글라스처럼, 바닥을 치고 튕겨 오르는 빛을 봤어. 떨어지고 깨져도 봄은 오고 나무가 솟아. 흙을 툭툭 털며 딱딱한 껍질을 뚫고 새잎을 밀어 올리네. 잔뜩 그을려도 삶은 애틋하게 피고 또 핀다. 다시, 부활의 힘으로 잊었던 계절과 순한 것들의 둘레에 앉아 찢기지 않는 점선이 되어 고요한 별자리를 따라 떠돌고 싶어. 칠곡 바람은 무너지는 높이를 눈치채고 기울어진 마음을 뒤집어 말리지. 평생 가실성당 앞에서 무거운 종 매달던 감나무도 이젠 편안할 테니까.

최후의 심판

천사가 나팔을 불면 양과 염소를 가르듯 심판이 시작된다
19386 번호를 달고 붉은 벽돌 건물에서 오랜 기간 살아남았
지만, 이제는 인기척 없는 세상으로 내몰려야 한다

낡아서 오래 묵은 냄새가 나지만
포로처럼 드나들던 붉은 벽돌 건물
그곳에서 유일하게 내 집이 머물던 작은 사물함을 연다

열쇠를 돌려 오래 투옥되었던 물건을 하나씩 꺼낸다 빛을
못 본 시집과 서로를 의지하던 파일 세 개, 구부정한 치약은
아무 힘이 없다 유통기한이 지난 티백은 쓰레기통으로 숨어
버리고, 먹다 접어둔 초콜릿 같은 어둠만 가두고 사물함을
잠근다

시간표를 받아 다 짜놓고도
뺏고 뺏기는
결국
뺏기고 마는 형벌을 받은 나

구원받지 못한 오후가 울컥 쏟아진다

나는 죄를 많이 지은 사람

경사진 집 짊어지고 헛손질하느라 뒷줄에서 맴돈 죄, 눈 질끈 감고 이를 악물지 못한 죄, 아이 손 잡고 산책하다가 조용한 공원에 오래 머문 죄, 여기저기 시를 내놓지 않고 목숨처럼 숨긴 죄, 동시 신호를 못 읽고 길을 건너지 못한 죄, 부지런히 인사하며 우거진 사람들과 섞이지 못한 죄, 빗소리에 젖어 돌아오지 못한 죄, 발밑의 공을 재빨리 차지 못한 죄, 죄, 죄,

들어갈 수 없는
불 켤 수 없는
구원의 방에 숨어서
히죽거리는 당신의 입술

물고 뜯어도
살기 위해 그랬다는데
당신을 탓할 순 없지

나는 죄를 많이 지은 사람

당연한 건 없는데 당연하다고 여긴 죄까지 더해 받은 벌

여닫던 사물함 속 어둠이 짙어질수록
보이지 않았던 나의 어둠이 이제야 보인다

사라진 것들을 위하여

1.
가서 돌아오지 않는
관측되지 않는
구름을 만지려다가
무릎처럼 툭 튀어나온 슬픔

2.
내가 태어난 집 앞뜰에는 자두나무가 있었다 질은 자두새을 기다리지 못하고 가지 끝을 잡아당겨 설익은 자두를 따 먹는 게 좋았다 동네에서 우리 집 자두가 제일 컸다 아이들은 까치발을 들고 담장 너머로 주먹만 한 자두를 탐냈다 둥글게 휘다 부러진 가지에는 푸른 잎이 매달렸다 할머니는 자두 소쿠리를 담벼락 밑에 내려두고 가지를 꺾지 말라고 당부했다 지금은 그 집에 할머니도 없고 자두나무도 없다 새 집주인은 전망을 가린다며 베어냈다

3.
정든 것들은 구부러지다가 잘린다

해가 산마루에 걸렸다가
구멍 난 검은 비닐봉지 속에 버려진다

사라지고 또 사라져 붙잡을 것이 없을 때
멍든 노을이 된다

끝날 줄 모르는 이야기로 남는다

별이 빛나는 밤에

운석이 떨어지던 밤, 조영제를 맞고 내 몸 오른쪽 옆구리
에 무수히 별이 박혀 있음을 알았다

검푸르게 반짝이는 은하를 관측하는 천문가

크고 작은 사연을 새긴 별자리가 빼곡하다고
중얼거리는 진단 속에서
찾지 못한 이야기도 많았다

알고도 내려놓지 못해 단단해진 마음처럼
흐르지 못하는 별들을
주기적으로
부수기 시작했다

탁
탁

모래가 될 때까지

탁
탁

몸의 긴 복도에서 길 잃은 조각은 부모 손을 놓친 아이의 뒤통수처럼 한동안 어지럽게 굴러다녔다 걸돌지 않도록 달래며 고아가 된 성단을 품속에 넣고 다녔다

고여 있다가 늙어버린 별들도 있지만
언젠가 우주로 돌려보내고 싶었다

몸속 밤하늘을 수놓은 은하 덕분에 나는 나를 더 자주 살피게 됐다 그동안 들여다보지 않던 내 안의 우주를 관측하면서 초신성 폭발을 몇 번이나 막았다

몸에서 운석이 떨어질 때마다
별똥별에 소원을 비는 마음으로 살고 있다

숨은그림찾기

숨겨진 물건을 몇 개나 찾을 수 있습니까

숨어 있는 것들은 언제나 뻔뻔해요 나는 헤아릴 수 없는 주먹을 내밀고 힌트 없는 질문을 던집니다 정지화면을 펼치며

이게 나일까요, 당신일까요,

담장 무너지듯 경계가 열리자 어디로든 다급하게 사라지고

지금 좋아하는 곳에 살고 있습니까

무작정 몸을 웅크린다고 숨길 수 있는 건 아닙니다

뚜껑 없는 상자에서 눈 비비며 당신을 닮은 그림자만 골라내고 있습니다 돌이킬 수 없는 동그라미는 어디까지 굴러야 멈춥니까 헛발을 딛는 연필이 손목을 똑똑 부러뜨려 그

림 사이, 그 아래 너머로 계속 넘어집니다

미간에 주름이 생겼습니다 아침에 일어나자마자 꾹꾹 누르고 문질러도 소용없네요 자면서 무슨 꿈을 지독하게 꿨는지 모르지만 웃는 꿈 꾸면 물결이 생길까요 정면을 보고 있는데 옆을 보는 것 같은 무심한 날씨를 찾았습니다 이제 우리 어디로 갑니까

당신과 나란히 눕고 싶듯이
키득키득 떠들며 당신을 만지듯이

입지 않는 옷과 짝이 맞지 않는 양말을 버릴 테니 오늘은 서랍을 열고 숨어 있는 날 찾아줄래요

나홀로나무

기울어진 시소처럼
떠나간 사람을 생각한다

길게 늘어난 손과 발이
푹푹
가벼운 농담을 던져도
연습한 대로
웃음이 나집 않았다

그럴 수도 있겠지
그럴 수도 있겠지

눈을 지그시 감고
어른인 척하고 사는 나

초록 품으로
뛰어들고 싶지만

화려할 줄 모르는
보통의 것들을
뿌리 삼아
허리를 세워

작게
가늘게
혈관 같은
가지를 매달고
천, 천, 히, 뻗어간다

곁에 있다가 없어진 시간에 밑줄 그리며

한 번씩 고개를 끄덕인다

가장 흔한 게
가장 필요한 것들

나를 깎고 깎는
저 빗소리
저 질문
저 눈

시작과 끝이 닮은 사람들이
길 잃은 펭귄이 되어
억새밭을 걸어간다

모자를 눌러 쓰고
목도리를 여미고

징검다리 없는 개울을 건너간다

알고 싶은 것 보다
알고 싶지 않은 것이
더 많아지는
들판에서

불쑥,
싹이 올라온다

펄럭인다

가고 없는 엄마의 눈빛처럼 흔들린다
자라는 마음을
오래 지켜보다가

엄마라는 호칭이 생긴다

세탁

밤 열한 시, 야간 수거함에
얼룩이 접혀 들어간다

소리를 삼킨 바닥에 흘린 발자국들이 빠르게 회전하다가
겹쳐지고 서로 얽히고 금세 지워진다

소매 끝 실밥처럼 자르지 못한 말

매듭짓지 못한 마음은 탈수되지 못한 채 계속 물기를 흘린다

어깨가 늘어진 니트처럼, 팔 길이가 맞지 않는 셔츠처럼, 뜯긴 라벨처럼, 고장 난 지퍼처럼, 버려진 옷걸이처럼, 우리는 서로에게 인사를 건네지 않는다

손잡이 없는 서랍이 되어
그리움은 주소 없이 도착한다

불 꺼진 유리창 너머 분실물이 된 당신의 이름은
다림질된 기억으로 얇게 접혀 있다

단 한 번도
옷을 정리해 준 적 없는 도시에서
나는 매일
말리지 못한 마음을 입는다

몽돌

바다는 날마다 원고를 고친다

해변엔 마감이 없다

겹쳐 쓴 어제를 지우고 남길 것만 남기는 파도

제멋대로였던 문장은 퇴고할수록 매끈해진다

운율을 살려 행을 바꿔주는 바람

발자국의 궤도를 따라

끝내 우리는 둥근 행성이 된다

2부

서로의 이름이 미끄러지지 않도록

거가대교

육지와 섬이 손잡으면 바다에 밑줄이 생긴다

떨면서 사랑을 고백하는 하얀 이

거가인지 가거인지 정확하게 고백하는 연습

도란도란 혀를 굴리며 만들어 낸 몽돌

파도가 우리의 발목을 잡아끌어도

해저까지 푹 빠져들어 가 잠든다

잠꼬대하듯 쏟아놓은 말로 빈칸을 채우면

등을 켠 고깃배가 우리를 가로지른다

재재 在在

강당에서 박수 소리가 끝나고
밑줄 긋는 연필처럼
의자 끄는 소리가 들린다

모두 어디론가 흩어지는 사람들

탁자 위 파도가 머물다 간 자리에
손에 꼭 쥐고 있던
조약돌을 내려놓는다

조명을 끄니
텅 빈 상자처럼 조용하다

어둠 때문인지
나 때문인지
곁에 앉아 있던 이름이 지워지고

벽에 붙여둔 풍선 하나가 날아간다

떠나는 풍경을 오래 만지다가
물음표와 느낌표 사이에서
일렁이는 대화만
덧칠하던 선생님을 생각한다

거짓말을 모르는 주소가 문을 두드린다

구멍이 파인 나무가 되어
내가 누군지 아니?
젖은 흙 같은 목소리를 내는 선생님

손가락에서 헛도는 반지처럼
알면서도 알지 못하는 것들이 많아지는데

무엇이 자랐고 자라지 못했는지
또 뭘 더 키워야 할까요?
답이 서쪽으로 넘어지네요

아무리 설명해도
매일 사라지는 붉은 마음들
차가운 밤을 몰고 온다

안 그런 척
손님처럼 앉아계신 선생님

대답할 차례인데
거봉 포도 입안 가득 물고
무슨 생각을 똑똑 따는 걸까

손

대학 병원 화장실 입구에서 휠체어를 탄 사내가 방향 잃은 채 손을 놓고 있다 트럭에서 굴러떨어진 상자처럼, 버스를 눈앞에서 놓친 사람처럼, 폭우에 부러진 나뭇가지처럼, 외진 그늘에 앉아 쉬다 일행을 놓친 여행객처럼, 오래된 간판 속 지워진 글자처럼,

나는 손을 닦는다 공중화장실에서 문득 따뜻한 물이 나올 때 물이 베푸는 친절이 흐르는 방향에 대해 생각한다 헝클어진 머리카락을 만지는 동안

다정한 젊은 여자 목소리가 사내에게 다가간다
어디 찾으세요
제가 밀어드릴까요

방향을 바꾸는 바퀴처럼 그녀가 힘주어 말할 때
감추고 싶지만
불쑥 들켜버리는 얼룩 같은 부끄러움

눌러도 나오지 않는 세정제 앞에서 손을 닦는다 잘 떼어지지 않는 껌처럼, 기억나지 않는데 기억나는 척하는 사람처럼, 하얀 이를 보이며 고개를 내미는 당나귀처럼, 편의점에서 잘 못 받은 거스름돈처럼, 깨끗하게 닦지 못한 플라스틱 재활용품처럼,

병실에서 귤껍질을 벗긴다
옆 침대에서 귤을 쉽게 까는 방법을 가르쳐 준다

요즘 많이 배우면서 산다

희극과 비극 사이

희극이 필요했던 거야, 그날
희극은 모두 매진이었어
극장과 이별을 하고
기류의 이동을 고민하다가
사막에 없는 골목을 걱정하다가
여기만 아니면 될 것 같은 속도로 넘어지듯 아무도 없는
가게의 간판을 만져보고 싶었지

계단을 오르면 희극이 보일까
작고 부지런했던 늙은 처녀가 새벽으로 만든 집이라네
결국 그녀는 싸우다 녹아 버터가 되었다고
늙은 총각이 신화처럼 전해 주었네
여긴 과거도 현재도 미래도 똑같아서
주변 경치가 빨리 달려도 변하지 않는다는데,
이건 희극인지 비극인지

그는 곧 문 닫고
측백나무 길로 나가 한 달을 보낼 거라 했지

주머니 속 표정을 만지작거리며

살찐 비가 소복이 내리던 시간
우산도 없이 길 위에 있었지
자동차 타이어가 이유 없이 주저앉아 있었어
애인을 호출하듯
서비스센터 긴급출동을 눌렀지
쓸쓸할 때 위치추적까지 해가며
찾아와 주는 누군가가 있다는 사실에
기울어진 차 속에서 희극 같은 위로를 받았네

거품을 발라 빗속에서 아프게 박힌 못을 찾아냈어 그 후
고객센터에서 기계적 멘트로 친절은 1번, 불친절은 2번

나는 무심코
2번을
쿡,

짧은 삑 소리가 비에 섞여 멀어졌지
실수는 비극이야

구조 조정

그는 도심 속 높은 건물들 틈에서
십오 년째 뿌리내리고 있었다

말수가 적은 그는 회의 시간마다
바람결 따라 고개를 끄덕이거나
초록 잎 같은 손으로 새들이 머문 자리를 메모하고
식당에선 늘 가장 늦게 젓가락을 들었다

동료들 담배 연기 사이로
조용히 한 모금 햇빛을 삼켰다

해마다 봄이 오면 조직개편이라는 이름으로
가지치기 당하지 않도록
속을 도려내고
감정을 드러내지 않고
회사가 정해준 틀 안에서 몸을 작게 접었다

늘 같은 자리에서 그늘 한 줌 품고

그는 묵묵히 풍경을 받아 적었다

빔프로젝터 불빛 아래
상사의 소음에도
그는 말없이 서 있었다

낡은 의자처럼 조용히 자리를 지켰다

무성했던 말들이 하나둘 줄어들고
뿌리를 흔드는 한 통의 메일이 날아왔다
조직개편에 따른 인원 조정

동료들은 아무 말도 하지 않았다
눈을 마주치지 않는 건
애도의 방식이라는 걸 그는 알았다

책상을 비우던 손이
한참 동안 흙빛 서랍 안에서 멈춰 있었다

아이가 그린 그림 한 장
봉투에 낙엽처럼 쌓인 식권
마감일을 지우고 덧쓴 숫자들
그 안에서 아무도 모르는 잔뿌리가
묵묵히 시간을 밀고 있었다

나이테처럼 무거운 가방을 메고
회전문을 돌아 나올 때
톱밥 같은 침묵이 발목에 쌓였다

정문을 지키던 경비 아저씨가 모자를 벗었다
그는 가볍게 고개를 숙이며
한 계절이 끝났음을 받아들였다

어쩔 수 없는 일

한 사람이 다른 한 사람을 있는 그대로
완전히 이해해 주는 것은 불가능한 일

시간의 가지에 돋아난 가시를 잘라내는 가위

이길 수 없는 게임처럼
화분에서 꽃이 시들듯
같이 죽어가는 깃

외로움은 누구에게나 똑같이 흐르고
언젠가 지워지고
사라지고
잊히는

그래서 쓸쓸한 게 아니라
그래도 쓸쓸할 수밖에 없는
어쩔 수 없는 일

바꿀 수 있는 것과 바꿀 수 없는 것 사이 맴돌다가
바퀴를 굴려보면 세상 밖으로 떠밀리는 자국들

목화

날씨의 표정을 살피다 나온
뻥튀기 트럭이 빗물에 젖어 있다

좌판을 덮었던 비닐이 일그러진 오후

보청기 낀 할아버지
낮은 의자에 목화솜처럼 피어 앉아
세 봉지 오천 원에 가져가요

물기 마르지 않은 봉지가 바스락거린다

1초라는 삶의 빗방울이 쏟아지고
그걸 놓쳐 바닥에 떨어트릴 때가 있다

옥수수 알갱이처럼 튀겨 올린 희디흰 시간
뒤뚱뒤뚱 지나가던 새 한 마리가
비닐 위 물기를 툭, 건드리고 간다

축축하고 눅눅해져도
하얗고 폭신한 마음은 부풀어 오른다

계속 자라 둥글게 감겨 가는 실처럼

시소

젖은 얼굴이 정오를 끌어올린다
골목 끝까지 올라간 사람은
말이 없다

손등에 올렸다가 공중에 던져 받아내는 공깃돌처럼

흙먼지 잔뜩 뒤집어쓴 운동화가
힘주며 꿈틀거리는 발가락을 감싸다
길가에 묶인 눈동자를 풀고
까치발을 든다

가고 싶지 않은데 자꾸 불려 나가는 건
사람을 잃고 싶지 않아서 그래
나와 마주 앉아 있던 사람이 떠났다고 생각해 봐

다른 한쪽에 사람이 없다면
관상용 물고기가 되어 두리번거리기만 하겠지
구석진 곳에서 졸고 있을 때

엉킨 수초들이 밤을 몰고 올 거야

가볍게 그리고 빠르게

누군가 기울어진 농담 던질 때
어디서 웃어야 할지 모르더라도
동그랗게 입술 모으고 무조건 크게 웃어 줘

좁고 낮은 의자에서 조개처럼
입을 꽉 다물고 있으면
언젠가 안부도 없이 지워질지 몰라

쿵쿵 무게를 싣고 발 굴러도 소용없는

출발점이 어딘지 모르고
목적지가 어딘지 모르는 사람들이 지나간다

저물어 버린 의자 하나가 녹슬어

삐걱거리는 구설수만 무게를 키운다

점, 占

둥글게 돌아누운 본능 같은 꽃무덤이 있다

오선지에 물파스를 문지르며 그대를, 그대를, 부르다가
맨발로 흰 언덕에 갔다 알면서도 모른 척했고
오늘의 운세는 불길한 씨앗을 심어 주었다

우린 걷는 사람들 속에 밟히면서
서로를 위로하는 발음으로
견디고 싶은 발음으로
함께하고 있음을 안 채,
스쳐 지나갔다

어떤 날의
어떤 일은
어떤 마음을 주고
어떤 것 때문에 떠난다

당신은 내게 어떤 사람이었나

고사枯死한 나무는 무죄라서
물속에서 물이 되는 꿈을 꾸고
수초는 무수히 뱉어버린 질문 같은 머리카락으로 흔들린다

무슨 문제로 멀어졌나요?
무슨 이유로
우선 밥부터 먹고 생각해 봅시다

그대, 날 꾸짖어 주십시오
서럽자고 앙상하게 뼈만 남겼어요

추락하는 꽃잎은 각질이라서 지문을 잃고
제멋대로 흔들리는 푸른 잎을 쏟아놓는다
바람 불면 찬 공기가 누굴 꼭 닮았다는 생각에

아프지만, 우리 살아 있자

온몸의 지도에 피가 흐른다는 소문을 들으며
그러니 입술로
탄생을
번짐을
배설을

점자 더듬듯
점괘를 펼치듯
서로를 더듬다가 작은 별표를 남긴다

안국역 6번 출구

불쑥, 안국역 6번 출구에 적힌 목소리를 꺼내 들었지요 주머니에 넣을까 하다가 입속에 넣었어요 동그랗게 말아 껌처럼 부풀려 봤죠 선물 받은 줄자로 우리 어디까지 갈 수 있을지 재 볼까요 결국 집 앞이군요 여러 날 동안 함께 다정해지기로 해요 풀 같은 당신이 누워 있네요 같은 방향으로 창문이 열리고 의자 밑에 있던 먼지가 자리를 옮겨요 서로의 이름이 미끄러지지 않도록 조심스럽게 귓속말을 이어 가요 사연 많은 사람의 긴 목 같은 골목을 끝까지 걸어 볼까요 손을 주세요 손을 잡아도 감정이 안 생기면 어쩌죠 계단 오를 때 노래를 불러 줄게요 나는 고음을 못 내요 모든 고음이 신나는 건 아니잖아요 당신이 저음을 좋아한다면 고개를 더 숙여 볼게요 무슨 죄를 지었냐고요 평생 꽃이 시들지 않게 사 준다는 거짓말을 했지요 다 주겠다는 억지를 부린 적도 있고, 알면서 모른 척한 일도 많아요 그렇게라도 하지 않으면 어떻게 당신이 내게 올 수 있겠어요 여기와 거기를 건너는 이 밤, 또 하나의 발자국이 깊게 찍혀요 요즘 물건을 사고 후회하는 경우가 많아요 포장 비닐을 뜯다 말고 다시 접어 버려요 그만큼 결정이 어려운 걸까요 우린 미루지도, 버리지도, 지우지도 못하는 사람들이 되었어요 오늘도 수많은 목소리가 드나드네요 당신이 들어오고 내가 나가는, 내가 들어오고 당신이 나가죠. 겹쳐진 회화會話가 회화繪畫처럼 번져요 선을 넘어 더 크게 번지네요 많은 눈물을 쏟았군요 이제, 너무 애쓰지 않아도 돼요

그러니까

화내지 마요 같이 열고 싶다면 목소리 낮춰요
열쇠 구멍을 찾을 수 없잖아요
왼쪽인지 오른쪽인지 돌리는 방향 잊었다고
그렇게 자꾸 소리칠 건가요

시퍼렇게 떨다가
문밖에서 알약을 삼켰어요
동그라미에 말려들어 간 사람도 있고
간혹 문안으로 들어가
책을 펼쳤는데
아직 나오지 못한 사람도 있더군요

그러니까, 표정이 왜 그래요

이리 와 앉아요 식탁은 우리가 마주할 수 있는 유일한 자리예요 차려진 요리가 입에 안 맞나요 사과 맛 수프에 기린고기라니까요 스푼이 접시에 닿는 소리, 기린고기를 씹어 길게 목을 타고 넘기는 소리── 아, 그 소리였군요 당신을 혼자 먹게 할 수 없어서 붕어처럼 입만 벙긋!

그러니까, 우린 시작하는 말과 끝나는 말이 같아요

다정함은 기대하지 않을게요 식물은 괴롭히지 마요
담장 너머 석류 가지가 넘어왔다고
그렇게 자꾸 똑똑 부러뜨릴 건가요
석류 알 같은 아이를 원하던 일요일에
붉은 꽃 대신 흰 꽃이 쏟아졌죠
그때 알았어요
식물도 신경증에 걸린다는 걸

울지 마요 베개 레이스가 노랗게 익어 버렸잖아요 등 돌리지 마요 당신 등이 출렁일 때마다 뼈만 남은 바다가 불쌍하잖아요 손은 왜 주먹을 쥐고 있나요 욕이 나오나요 물건은 던지지 마요

여름에 비가 내리지 않는다고

그러니까, 우리의 계절은 끝나지 않았어요

Kiss

너라는 길이 나로 이어지는 골목

대문 열리는 소리 들릴 때마다
무릎을 세워
겹쳐지는 그림자를 따라간다

초록 입술로 웃으면
흔들리는 가지 끝에
새가 잠시 머물다 갔다

공중에서 깃털 하나가 느리게 떨어진다

테베를 여는 100개의 문*

당신의 문은 몇 개입니까 이중입니까 삼중입니까
겹겹이 자물쇠로 채워져 있습니까

사나운 개가 지키는 문을 지나

나——는 알고 있습니다 섬에 홀로 뚝, 떨어진 기분을 나
——는 알고 있습니다 어지러워 차마 눈 뜨고 볼 수 없는 그
들만의 진치를 나   는 알고 있습니다
　선을 넘거나 밟으면 안 될
　여러 개의 그림자놀이

문 없는 집 앞 층계에 앉아 빨간 줄 그어 가면서

어떤 문을 원하십니까 철문은 차갑고 냉정해 가까워지기
어렵습니다 유리문은 속을 훤히 보여 주지만 쉽게 깨질까
두렵습니다 돌문은 융통성이 없어 답답해 보입니다 나무 문
은 맞지 않으면 잘 틀어질 것 같습니다
　원초적으로 설명하는 당신은 나와 크게 다르지 않다고 생

각합니다

얼굴을 지문이라 믿는 사람들이
바닥에 떨어진 지도를 손으로 핥아가며 계곡을 오릅니다
아무것도 모른 채 떼를 지어 다니는 죄 많은 손바닥이 가망
없는 기록처럼 밀려듭니다
그들은 살기 위해 스스로 꼬리를 베어 먹다 잠들고
지상의 벌레들을 다 불러 모으듯
두리번거리다가 나체로 잠들고

거대한 기둥에 균열이 열리면 무얼 숨기고 잠들지 고민하
다가, 길어지다가, 다시 잠든, 사원의 구름과 무심한 궁전
들, 문밖에 밀려난 무덤들,

테베여, 당신은 누구 때문에 그토록 울고 있습니까

* 호메로스는 서사시 「일리아드」에서 '테베'를 100개의 문이 있는 도시로
표현함.

간단합니다

컵을 하나 샀습니다

마음에 들어 계속 곁에 두고 싶어 어디든 데리고 다녔어요
투명한 유리컵을 보면
꿈속 엿보듯
강물에 얼굴 들이대고
물고기들 노는 모습을 보던 생각이 났어요

손에서 내려놓지 않고 누굴 만날 때마다 자랑하고 다녔습니다

물을 따라주던 친구가 컵이 무겁지 않냐고 물었지요
너무 많은 입보다는
가볍다고 말하며
명랑하게
깔깔거렸습니다

또 다른 친구가 다가와 물을 한가득 따라 주었는데요

컵을 내려놓을 수가 없었습니다

바닥에 내려놓으면
누가 훔쳐 갈 것만 같았거든요

놓치면 어쩌나 싶어 컵을 더 꽉 잡고
오래오래 들고 있었습니다

물의 양은 중요하지 않았어요
오래 들고 있었더니 아프기 시작했지요

버스에서 벨을 누르지 못해
내리지 못하는 표정으로 서 있는 나에게
한 아이가 다가와 가느다란 목소리로 말을 건넵니다

컵을 내려놓으세요

에트르타 절벽의 일몰
— 1883, Claude Monet

하얀 코끼리가 귀를 여는 순간 물 흐르는 소리가 들리지

가끔 안녕, 안녕 발음하다가 안녕 사이에 구멍이 뚫려
혀를 절뚝거리며 입속 철자를 내뱉지 못하거나 혹은 자리
바꾸어 마주할 수 없거나

파도를 참아내지 못해 낯선 표정 그리다가
억지로 눈을 감이
입술이 말라 갈라질 때쯤 다시 눈을 떠
물을 어떻게 씹어야 맛있게 보일지 혀를 굴려봐
짠맛의 고집 벗어주고

쓸쓸한 날일수록 맨발로 걸어 바닥과 입맞춤하듯 발바닥
으로 물감 찍어내듯 걸어 검게 번진 길은 잃어버린 그림을
닮아가

밀물과 썰물은 질문하듯 억양을 만든다

오늘의 역사엔
당신이 없다

뼈를 가둔 피부 아래 붉은 달의 무늬를 읽어 내려
쏟아진 자리마다 바다로 물든 정맥이 여물어 가 석류알처
럼 통통한 동맥이 자라나 하얀 코끼리는 어여쁜 병病을 전송
중이야

일몰의 무게만큼 해안의 귀에 큰 귀걸이가 달렸네

붉은점모시나비

자식들에게 기린초를 먹이며 그녀는 같이 날자 말했다

아이들이 다섯 번 허물을 벗어 거의 그녀만큼 자랐을 때 그녀는 홀로 멀리 날아갔다 가끔 돌아와 모시 사이로 가족을 훔쳐봤다

남편은 고래가 되어 짝짓기 중, 딸은 물고기가 되어 웃음을 인쇄하고, 아들은 붉은 낙타가 되어 사막을 수시로 이달하고,

멸종된 가족 앞에서 신음 같은 울음이 전선을 타고 흐른다
이제 뭘 해야 할지 몰라
그녀는 머리카락을 한 올씩 셌다
어디로 가야 할지 몰라
종종 신발을 거꾸로 신었다
날고 싶은 날엔 좀약 냄새 퍼지는 옷장에 들어가 맞지 않는 옷을 가위로 잘라냈다

시맥翅脈을 타고 흐르는 눈물을 닦으며 그녀는 부활을 꿈
꿨다 날개를 펼칠 방향 찾기 위해 구두를 꺼내 신었다 물집
잡힌 채로 걸었던 터널이 누군가 빠져나간 고요의 구멍 같
았다

다시 가족을 가지려고 찍어 본 붉은 연지
더는 그녀에게 종족 번식을 허락하지 않았다

날개에 찍힌 붉은 점 하나만 밤을 오래 붙잡았다

체라푼지*

구름의 검은 지느러미가 규칙적인 슬픔을 데려옵니다

빈 병을 들고 슬픔을 받아내는 일은 허리를 구부리는 감정에 가깝습니다 구멍 앞에서 머뭇거리던 당신은 떠날 준비를 합니다

고인 웅덩이마다 질문이 몰려드네요

당신은 어느 협곡 사이로 모습을 감추었습니까

나는 가장 습한 자리에서 쏟아져 내리는 폭포를 보았지요 당신의 감정과 비슷한 추락이라 생각했습니다 몇 계절을 돌아도, 가까이 가려 해도, 도무지 그칠 기미 없이 물속으로 숨어 버리는

지붕만 남은 마을과
윤곽을 잃은 숲 사이로
무지개가 걸릴 때

물의 세계로 들어갑니다

그곳에서 당신을 닮은 감정들이 나타났다 사라지죠

어둠에서 어둠으로 안개를 몰고 가던 당신
나무 그늘에 숨어 날 지켜본 적 있지요?

당신이 다녀갈 때마다
고무나무 뿌리로 질기게 매여 엮인 다리가
한 뼘씩 자랐습니다

여전히 나는 그곳에서
바람에 흔들리는 당신의 억양을 필사하고 있습니다

* 세계에서 비가 가장 많이 내리는 인도 메갈라야 주州 남부 마을.

바다 고양이 식당

마른 흙이 젖으면서 비 냄새를 풍긴다

땅을 보고 걷다가
예측할 수 없는 웅덩이가 나타났다가 사라지고

맞지 않는 일기예보를 탓하며
젖은 바짓단을 접는다

우린 검은 해변에서 서로 높이가 다른 파도를 탔다

의자가 있어야 할 자리에 의자가 없어도
오늘의 운세가 맞지 않아도

한 사람이 나가고
한 사람이 들어와도
아무렇지 않게 주문을 넣는다

홀로 앉아 유리컵 안에 고인 물을 마신다

너 없이
나는 잔멸치덮밥을 시키고
나 없이
너는 전갱이튀김을 시키고

바닥에 찍힌 축축한 발자국이 다 마를 때까지
밥알을 씹고 또 씹는다

짙은 얼룩 같은 어둠이 저편으로 떨어진다

무언극

우린 서로 아직 모르는 날씨들이 더 많네요 낡은 집을 내려놓고 계절을 옮기는 건 어때요 움직이지 않는 것들은 슬프다던데

식물도 아니면서 식물인 척하는 거
이제 그만하면 안 될까요

나는 당신을 때때로 빗물이라고 생각했어요 비가 두드리는 목소리를 따라 걸었지요 고양이 우산을 들고 신호등을 지나 많은 사람이 쏟아지는 틈으로 들어가기 위해 우산을 접었어요 그 속에서 내가 미끄러져도 당신은 땅에 박혀 아무 말 없이 젖은 신발만 쳐다볼 뿐

왜 자꾸 당신을 지워요

나는 당신을 때때로 구름이라고 생각했어요 뭐든 마음대로 몸의 위치를 바꾸며 시선을 가리는 하얀 벽을 치우고 싶었어요 그늘을 만들어 놓는다고 다 쉴 수 있는 건 아니잖아

요 그 안에서 내가 병들어도 당신은 아무 소리 없이 출렁이듯 느리고 축축하게 움직일 뿐

팽팽한 약속을 하던 손은 어디로 갔나요

공중에 매달린 그림자가 전부인가요

기침을 어떻게 소리도 안 내고 할 수 있어요

새로 이사 가는 집은 빛이 잘 들어오도록 모든 문을 크게 내주세요 아주 큰 화분도 필요해요 당신 가까운 곳에 두고 휘청거리는 빛을 마음껏 훔쳐봐요 오늘의 날씨가 어떤지 조용히 일기예보를 검색해 보면서

해어화

내가 모르는 날씨에

내가 모르는 사람을 만나

내가 모르는 요일에

내가 모르는 곳으로

여행을 떠났어

목뒤로 지나가는 기차
노란 무덤들 사이로 부는 바람

우리의 공모는
푸른 중독을 수혈받는 일
바삭바삭한 말로 부서진 궁합을 맞추는 일

꿈 같은 목소리 내려놓고

인쇄된 웃음과
가공된 안부를 붙여둔 채

죽지 않을 만큼
얼음
땡

(뭘 더 버려야 가볍지?)

죽　지　마

하루에 한 번 물을 줄게
꽃 필 때 나무는 통증이 심하다는데
꽃은 나무의 상처라는데

무너진 건물 잔해처럼 꽃잎
　　　　　흩
　　　　　　　어

지
　　　고

초록 붕대를 감은 기둥들이
사람 냄새를 품고
재생될 때

붙여둔 웃음을 떼어낸 자리에
내가 모르는 가장 활짝 핀 사진을 걸어줘

나를 닮은 사람

나와 같은 소리를 내는 사람을 안다. 악보 안 보고 즉흥적으로 연주하는 걸 즐긴다. 넘어져도 툭툭 털고 일어나 다시 악기를 잡는다. 침묵을 벗고 노란 조명 아래에서 보던 책 한 구절 읽어주길 좋아한다. 과거형보다 미래형으로 말하고 자주 상상하며 꿈을 꾼다. 이불을 턱밑까지 끌어당겨 오늘의 안부를 묻다가 동굴탐험을 즐긴다. 끝말잇기를 좋아해 단어 하나에도 물고 늘어질 줄 안다. 마침표도 쉼표도 없이 이야기 나누다 파랗게 돌아온 말에 깨진 적이 있다. 무겁지만 큰 머그잔을 선호하고 마시는 속도 맞추기 위해 자꾸 나를 바라본다. 코러스 없이 빙빙 돌아 뛰어드는 일처럼 내가 울면 따라 울고 그 사람이 울면 나도 따라 운다. 투덜대면서 캄캄한 구멍 같은 세상을 탓하기도 한다. 욕조에서 물의 온도가 식어가고 거품이 만들어낸 비눗방울이 사라지는 게 싫어 두 팔로 첨벙거린다. 거울을 보다가 마주한 고요, 점점 환해지거나 어두워지는 빛의 표정까지 닮았다. 서로를 표절하다가 양 볼 잡고 일그러트려 입맞춤하고 깔깔거린다. 누가 날 이토록 사랑해줄까?

싱잉볼*

긴 목을 빠져나온 혀가 세상에서 가장 편한 자세로 눕는다

설탕 뿌린 듯 달콤한 말에 눈이 풀리고

새벽에 켜지는 불빛은 아침이 온다는 신호

문과 벽을 비교할 때

쌓여 있던 물건이 우르르 무너질 때

가장자리로 밀려나도 시작과 끝이 분명한

이름 없는 징검돌 하나 박혀 있다

가만히 멈춰 있다가 여러 번 놓친 건널목

아지랑이 핀 철로 옆 안전속도

잘 자라고 있다는 안부가 들리는 날

좋아하는 소리가 들리면 우리가 거기에 있다는 증거

청동 기차를 타고 우주에서 가장 편안한 잠을 잔다

* Singing Bowl, 노래하는 그릇이라 불리는 명상 도구.

나 없이 너는

폭우가 쏟아지는 날
교문에 너를 내려놓고 사라지는 뒷모습을 본다

지느러미 흔들며 헤엄치는 물고기처럼
계단 위로 튀어 오르다 미끄러진다

흙탕물에 젖은 옷 부여잡고
이러지도
저러지도 못하다가
종소리가 울린다

복도 걸으며 뚝뚝 떨어트렸을 자국
조용히 마르는 동안

예측할 수 없는 교실에 앉아
인양되지 않는 수학 문제 풀기 위해
손가락을 구부리고 있겠지

나 없이 너는
물로 그린 세상이 모두 마를 때까지
다 알고 있는 길에서도
자주 넘어지겠지

무심하게 날은 개고
마취에서 풀린 햇빛이
무수히 쏟아지면

나 없이 너는
바다로 가서 무거운 가방을 내려놓겠지

3부 바나나처럼 휘어 있는 소문

코끝의 도시

창가에 놓인 화분처럼 앉아서 우린 구부러진 골목을 바라봤지요

이삿짐 트럭 옆으로 배달 오토바이 옆으로 가로등이 켜지고
보이지 않는 것들이 보이기 시작해요

우리 여기서 살 수 있을까요

살아남은 책장 한 모퉁이에 널어놓은 빨래가 다 마를 때까지
거기 누구 없나요
외쳐도
열리지 않는 이웃집 대문이 있어요

꾹 눌러놓은 빨래집게 같은 사람들

내 것이 아닌데 내 것처럼 보이는 열쇠를 쥐고

고층으로 올라가 구멍 찾는 흉내라도 내야죠

한쪽으로 휩쓸려 가더라도 겁내지 말고 옆에 앉아요

모르는 사람들
— 시 창작 강의

빈 강의실에 낯선 사람들이 하나둘 앉는다

서로의 표정에 새겨진 이미지를 확장하며
어색한 간격을 녹인다

밑줄 긋는 연필처럼
의자 끄는 소리가 바닥을 긁고
오래된 단어들이 분필 가루처럼 쏟아진다

여백이 많은 사람은
주머니에서 손을 빼지 않고
지각한 사람은
종이를 비비며 두리번거리고
말문이 막힌 사람은
볼펜 빙빙 돌리고
배고픈 사람은
아무 말이 없다

서로 익숙해지는 법을 배우는 중
결을 내주지 못해 주위를 맴돌다 떠난 사람은 주어와 서술어의 사이가 멀어 이게 대체 무슨 뜻이냐고 추상적인 부끄러움이 자라나,

의자마다 물음표가 앉아 있다

밤새 읽던 시집 모퉁이를 접어놓고
묵직한 질문을 꺼낸다

질은 안개를 빠져나온 느낌표 사이로
이제 막 태어난 시가 날아간다

지금은
서로의 결을 어루만져
닮은 부분을 애타게 찾는 시간

이질성 속에서 동질성을 찾다가

벗어나려 하다가
여전히 그들은 원관념에서 헤어 나오지 못하고
떠나간 사람이 남겨놓은 보조관념을 낭독한다

구름이 사라지는 속도에 맞춰진
시계 앞에서 정오를 기다린다

창밖의 직유와 은유가 다음 페이지를 넘긴다

서로에게 철썩거리는 문장을 읽을 때마다
겹겹의 상징이 밀려와
시어가 잡히길 기다리면서
긴 터널을 건너온 사람들

비어 있는 행간처럼
조금 수척한 얼굴로 여운을 남긴다

선

위험하지 않은 간격을 알아내고 싶은 마음처럼
중앙선을 지키며 달리는 자동차

신호등에 맞춰 살아왔지만
긁힌 자국만 선명하다

*

백화점 주차장은 두 개의 선으로 갈라진다

구원 받은 사람처럼
빠르게 지상으로
구원 받지 못한 사람처럼
가다 서다를 반복하며 지하로

안내하는 손짓 따라
계속 지하로 내려가는 바퀴들

길게 늘어선 차 속에서 아이가 운다

*

해변 끌어안고 있는 숙소에 도착했다

파란 선 따라 제일 가까운 입구로 갔는데
열리지 않는 차단기
무거운 가방 들고 층수를 눌렀는데
작동하지 않는 승강기

저층 수영장에서 보이는 고층 수영장
선이 다른 물결이 출렁거리는 유리벽

*

지켜내다가 휘청거리는
밟았다가 깜짝 놀라는

넘어갔다가 돌아올 수 없는

정확히 가르고 있어 섞이기 어려운
수많은 선이 두꺼운 어둠처럼 쌓인다

삶의 난간을 걷다가
금이 갔다
빗물이 새어 나왔다

*

출발지가 어딘지 모르고
목적지가 어딘지 모른 채
한계 수위를 넘어 범람하는 중

당신의 계절*

모르고 지나칠 뻔했다

적당히 떨어진 네 개의 테이블이
봄, 여름, 가을, 겨울
나무를 닮은 곳

창 너머로 서성이는
연두 이파리를 보는 게 좋았다

꺼진 골목을 어떻게든 켜보려고
붉은 벽돌 아래 기다림을 걸어 둔 곳

살다 보면 살아지는 걸까
살다 보면 사라지는 걸까

도산서원 가는 오르막길 한쪽에
간판이 지워진 카페가
꿈인지

잠인지 모를
비상등만 깜빡이고 있다

아쉽지만
영업은 이번 주를 끝으로 쉬게 되었어요
언제 돌아올지 모르지만
그동안 정말 감사했습니다

* 대전 서구 탄방동 남선공원 근처에 있던 카페 이름.

고속도로

가고 오는 시절이라서 우린 계속 달릴 거야 베스트셀러 코너에서 책장을 휙휙 넘기는 것처럼 차창 밖 풍경은 오늘도 형식적이지 앞지르기는 용서가 안 되는 법이니까 양보할 수 없는 간격으로 멈추지 말고 바퀴를 굴려야 해

꼬리에 꼬리를 물고 이어달리기하다가
잠깐
차선을 변경히려고
더듬듯이 망설이는데

트럭 짐칸에 실린 상자들 포장지가 바람에 휘날리고 있네

라디오에선 모닝쇼가 흘러나왔지 뜬눈으로 밤새워 달리던 자동차가 갑자기 속도를 줄이고 붉은 눈동자를 치켜떴어 분기점에서 사고가 났나 봐 부서진 가드레일 사이로 조각난 단어들처럼 잔해가 뒹굴고 있어 치워도 치워지지 않아 지워도 지워지지 않는 문장처럼 방향을 잃은 바퀴 자국만 선명하게 남았지

차들은 비상등을 켜고
언제 죽을지 모르는 도로를 달리고 있어

덤프트럭은 계속 그림자를 부풀려
적재 단속도 소용없잖아
도망가는 불법체류자처럼 계속 도로를 달리는 거야
화살표는 우릴 구원해 주지 않아
도시와 도시를 넘기면서 라디오 주파수만 바뀌고
비상시에 비상등은 우릴 구해주지 않아

아파트 불빛이 하나둘 꺼지고 유도선을 따라 휘어진 나들목을 빠져나왔지 역주행은 금지야 작업 차량이 많아도 진입이 어려워도 절대 감속으로 가야 해 폐점을 알리는 서점 같은 요금소가 보이고 우린 동전 몇 개를 챙겼지

꼬깔콘을 뒤집어쓴 도로를 지났어 포크레인은 계속 흙을 퍼내고 있어 손 흔드는 인부의 철모에 박혀 있는 안전이 정

말 제일일까

멈출 줄 몰랐던 바퀴를 세상에 남겨두고
물렁물렁한 빛 아래서 보던 책 덮듯이
내비게이션 끄고
목적지에 가만히 잠든다

게르니카

엄마 젖 냄새를 가려내듯, 살짝 입이 열리면 우린 주문을
외워야 해 첫 발음을 놓치지 말고 말해야 해
  일어날 일은 일어나니까
  가끔 내게 무슨 일이 일어나는지 궁금해질 때
  검은 몸뚱이에서 울리는 노랫소리를 들어봐
  탕탕!
  윤이 나는 목소리로 널 부를 테니까
  탕탕!
  심장을 어루만지는 느낌으로

  자장가를 부르지 않았는데 아기가 잠들었어
  아무것도 먹지 않고 속눈썹 길어지도록
  물결처럼 누워만 있네
  안아 줄수록 창백해지는 입술, 겁내지 마 아가야
  흔들수록 부서지는 그림자, 그만 일어나야지 아가야
  심장에서 박자 놓친 아기를 안은
  여인의 통곡
  게르니카여 게르니카여

푸른 초원을 달리던 황소는 불안을 껴안고 화폭 안으로 숨었지 화려한 작살과 붉은 망토의 악몽, 그림 밖으로 나오고 싶지 않다고 꼬리를 치켜들었지 슬픈 눈을 가진 황소는 투우사가 자신의 귀를 언젠 잘라갈지 모른다 했어 단 한 번도 인간을 적이라 생각해 본 적이 없었다고
게르니카여 게르니카여

누굴 위한 몸짓인가 말과 전사는 왜 붉은 고통을 견뎌야 하는가 팔과 머리가 있던 자리에 피가 남고 싸움에 내몰린 청년들 시계 소리가 어디로 흘러가는가
불타는 집에서 분열하는 처녀들의 비명은 혀로 만들어진 무곡舞曲으로 사라지고 잿빛 도시는 현기증을 앓는다
게르니카여 게르니카여

시간의 춤을 추던 *게르니카여*
고양이 오줌 지린내를 지워야 했던 *게르니카여*
유폐된 속살을 드러내고 살기 위한 날갯짓으로 불빛을 끌

어와라 *게르니카여*
 내 모든 청색을 훔쳐 가 다오 *게르니카여*
 문득,
 예고 없이 들이닥치는 폭우가 되어
 흑백의 혀가 펄럭인다

거품에 대하여

사람들은 가까이 터지는 소리를 삼킨다

그거 알아?
바나나처럼 휘어 있는 소문이 돌고 있대

돌고 돌아 동그란 소문이 된
보글보글 거품은 무서운 속도로 길을 달리지
진짜보다 더 진짜 같은 얼굴을 하고
가벼운 음모를 미끄럽게 싣고 달려
아무도 거짓이라 생각하지 않아

밤새 맞춤형 거품이 부풀었어
원하는 게 뭐야고? 누구를 위한 거냐고?
여긴 사실 여부와 관계없이 죄를 덮는 현장이야

방울을 톡톡 터뜨리는 재미가 반짝이네
아무 반응 없는 사람의 입가에
끈끈한 세계를 만들어 줄까

축축한 한 덩이 거품이면 충분해
흉터를 보여줄수록 가까워지니까

누군가의 손에서 거품이 거세질 때
문장에 장식이 늘어날 때
그 안에 머물러 누구를 이해하겠니?

희한한 부풀림이 계속되는 동안
점점 괴물이 되어가는 거품들
허우적대는 사람들
떠밀리는 사람들

소처럼
이를 드러내고 혀에 닿지 않은 말을 꺼내
거품이 생길 때까지 길게 씹어댄다

사과는 없었다

길게 늘어진 가지에 구멍을 내는 벌레들
참지 못한 궁금함이 싹을 밀어 올린다.

꿀맛을 본 말들이
무성한 잎을 달고
아는 것과 모르는 것 사이에서 그늘을 친다
아니면 말고 식으로
불 꺼진 말이 출처를 모른 채
주렁주렁 열린다

점점 붉어지는 말에
이빨 자국이 선명해진다

상처 입은 채 굴러떨어진 말
방금 미로를 빠져나온 표정으로
공원 의자에 앉아 있다

끝말잇기를 좋아하는 벌레들의

구부러진 목소리가 귓속을 헤매는 동안
미안이라는 소리는 들리지 않았다

붉은 단어가
서로의 등을 타고 흘러내리면
그들은 무릎을 맞대고
휘어진 다리를 조금씩 세운다

가끔 방지턱에 덜컹거리다가
툭, 끊어지기도 하고
감출 수 없는 언덕을 오르내리다가
겨우 한 조각의 말을 삼킬 뿐

모자를 뒤집어쓰고
마스크로 얼굴을 가리고
고개를 숙인 채
회전문을 지난다

겹겹 바람이 쌓이자
새들이 빈 가지를 털고 일어선다
끝내 제대로 된 사과는 열리지 않았다

종이 피에로
― 롯데월드, 우즈베키스탄, 크리스티나

십자가 눈
사실 나는 하얀 눈을 가졌지
붉은 광기를 채워진 밤, 도시의 옥상마다 네온 십자가로
가득했어 모두가 기억해 내 눈에도 박혀 있다고
서글픈 영혼들이 눈 열어줘, 눈 열어줘 두드렸네
휘익― 누구의 기도인지 모르는 바람이 불어
눈 뜨면 금세 화아악― 눈이 젖는다

알콜리즘 코
한낮 산책할 때도, 아이를 만날 때도, 널 생각할 때도 난
단지 목이 말랐을 뿐이야 숨 쉬듯 술이 들어오면
세상은 너무 둥글어 제대로 걸을 수 없잖아
손과 발이 조화롭게 앞뒤로 움직일수록
그만 살고 싶다는 마음이 더 뚜렷해져

이름을 불러 다오, 입
물크덩 물크덩 입에서 나온 사람들의 갖가지 표정
신들의 언어를 따라 하는 입속에 항우울제

두 겹의 입술이 햇빛에 한가로이 매달려 하품을 뱉자
프리즘처럼 목소리가 울렁이며 번지네
내 어깨를 스친 바람이 미친 듯, 웃지

오렌지색 머리
  고개 들어봐 날 보라고, 불안해도 전부를 재생하려 들지 말고 필요한 색만 담아야 해 오늘은 오렌지야 탱탱하게 살찐, 내 머리 맛있어 보이지?
  탄트릭에 희생된 영혼들이 어둠을 주물러 섬을 만들 때 우릴 데려갈지 몰라, 뭘 망설여?
  오래 살고 싶다면 오렌지를 잊지 마

몽글몽글 옷
때론 구름으로 때론 별로 때론 동그라미로
어깨를 조용히 스칠 수 있는 무늬로 버틸 때
바람으로 세탁한 옷을 가위로 뜯어낼 거야
왜 피에로가 되려는지 답을 찾기 전엔
넌 이 옷을 입을 수 없어

방법을 찾으면 간단히 입혀줄게

헐거운 신발
거대한 발바닥인 척, 맞지 않는 자리 움켜쥐느라
어떤 미안함으로 하루를 견뎠을까
자꾸만 스스로 커지는 신발은 믿음이 없어 걷다 보면 벗
겨지고 뛰면 그대로 멈춰 누구의 것도 아닌 이 신발,
네 신발 찾아 다신 잃지 않도록 풀칠해 둘게
꼭 맞는다고 따분해하지 마

파이프오르간

흑백 영화처럼 거리를 두고 싶다
당신의 색을 잊어도 괜찮다

고개를 숙이고 어깨를 움츠렸다가
파이프들 사이 어둠이
서로 볼을 비벼주면
그제야 바람이 입을 갖는다

종종 철자를 틀리게 쓰거나 발음을 다르게 하면서
우린 진도가 전혀 나가지 않는 건반 연습을 한다
가끔 직설법이 필요하다

아랫입술을 깨무는 순간
바람이 한 음을 누른다
소리의 균열에 따라 반갑지 않은 소용돌이가 들어오면
우리의 잃어버린 시간이 만져진다
깊은 해저에서 길 잃은 자갈의 피부 결처럼
오래된 크리스마스 멜로디 카드에서 빠져나오는 음표처럼

각자의 옥타브에서 같은 그늘을 만든다

우리의 거리는 느린 합주가 된다
손톱 깨물며 두리번거려도 푸른 멍이 사라지지 않는다

가끔 이름이 바람에 날아간 경우를 봤다

코시안

친구들이 나더러 퓨전 형 인간이라 놀려요 아빠는 한국 사람이고요 울 엄마는 필리핀 사람이죠 사람들은 날 보고 코시안이래요
  피부색도 생김새도 다르지만 그냥 코리안 하면 안 될까요

  일주일에 한 번씩 병원엘 가요 주의력 결핍·과잉 행동 장애래요 지능 검사에서 동작 지능, 언어 지능 모두 추방됐다는데,
  몸속에선 더운 숨소리와 피가 동그라미로 돌아요 내 피의 원산지가 어딘가요 선생님이 사람은 모두 다른 모습을 하고 있을 뿐 틀린 모습은 아니랬어요 종이 겹치기 놀이 그만하고 우리 낙천적으로 놀아요
  주의가 산만하다고요, 신경 쓰지 마세요
  충동적이라고요, 원시적으로 표현한 것뿐이죠
  과잉 행동이라고요, 알맞은 방법을 말해줘요
  뭔 말을 하겠어요 내 족보의 정체가 무엇인지 찾아보실래요 더 거칠게 다음 기회를 노리고 있을게요

할머니는 들깻잎을 다듬으며
농사짓는다고 장개를 못 강께 얼매나 속이 터졌는가 몰러
장개들러 필리핀 간다는디 애간장이 녹더만 인자는 괜찮여
싹싹하고 일도 잘햐아 나헌티도 여간 잘혀

동네 가로수에 걸린 현수막에 *필리핀 처녀와 결혼하세요*
팔락팔락 바람과 섞여 입도 없이 노래를 불러요 나도 나중
에 필리핀 처녀와 결혼할래요

무엇이든 위조해 드립니다

따라오세요, 지금
서두르지 말고 날 따라오세요, 지금
사용했던 관棺은 꼭꼭 싸서 벽장에 넣어두세요
(다시 찾을 일 없으면 버려도 좋아요)
쿡, 쿡, 쿡, 일어나요, 지금

  부끄럽게 비어 버린 몸 때문에 배가 고프세요? 벽과 벽 사이 빈 내장을 채워 넣으려면 귀속이 달달거릴 때 입에서 별을 토해야 해요 그럼 체하지 않고 숨을 뱉을 수 있어요 공평하게 나눠두시길 바라네요
  왜 날 자꾸 잡아당겨요, 피가 흐르니까
  쓰윽 닦아 내세요 그러면 몸에 문신이 돋아나요 피는 내 몸만 더듬고 지나갈 뿐이니까 걱정 말아요 계속 아프면 입술을 떼어 선물할게요 내 살점은 안 돼요 향기 없고 비릿한 냄새만 파고드니까
  썩어가는 살점이 가려워 손톱으로 자꾸 긁으면 위조가 어려워요

키는 더 이상 자라지 않아요, 여기까지니까
몸에 살고 있는 벌레들은 내던지세요, 신선도가 떨어지니까
기억은 번지지 않는 게 좋아요, 무기력증에 시달리니까

얼굴을 그려 넣어 줄게요
우선 꽃을 눈과 입과 볼에 넣어요
치즈처럼 녹지 않도록 그늘진 곳이 좋겠어요
단, 눈에 모래가 들어가지 않도록 주의하세요
그늘진 곳은 늙은 바람이 더 많이 찾아오니까
콧속에 나비를 넣으면 완벽해요

원본은 사라지고 사본이 천천히 날기 시작하더니
(그것 봐요 다시 살고 있잖아요)

투탕카멘의 황금마스크

발음하기 좋은 지문엔 활기찬 구절이 찍혀있어 입을 여는 의식이 시작되면 부활하길 원했다 이름을 버리기 좋은 날, 너를 만날 수 있는 위치에서 뷰포인트를 생각했다 파라오의 저주 따윈 두렵지 않았으므로

다정하게 낡아가는 그대를 따라 걷다 보면
탕탕, 지팡이를 쥔 소년을 만난다
다리에 돋아난 푸른 상형문자를 만지며
어쩌다 여기까지 왔나요
결구缺口의 통로처럼 비밀을 가진 목소리로
설마 혼자는 아니겠지요

가끔 내 행성에 드나들던 소년이 오늘 유난히 가까이 닿는다 새가 되기 위해 감았던 붕대를 풀고 얼굴 속의 얼굴을 보여준다 봉인된 입술을 열기 위해 물기 있는 내장을 항아리에서 꺼내 주었는데

황량한 계곡 속 무덤으로 가는 그대여

얼마나 더 걸어야 마주할 수 있을까
벽화에 이마를 내려놓고 촘촘한 우리의 흉터를 생각한다
흉터로 숨 쉬던 얼굴이 더 싱그러웠던,
뜨겁게 산란하는 그대 얼굴을 조금씩 떼어
소품처럼 장식해 두고 흔들릴 때마다 안아 줘야지

초

앞집 현관문이 열리고 한 사람이 나온다

엘리베이터 앞에 서서
처음 초를 켜듯
말을 붙여보는데
심지는 자꾸 벽을 향한다

눈빛이 잠깐 흔들리다가
그을음이 생긴다

아파트 주춧돌 같은 맨 아래층 버튼을 누른다

촛농 흐르는 속도처럼
한 층
한 층
내려갈수록
굳은 얼굴로 바닥에 닿는다

1초의 망설임도 없이
보도블록 사이 고개를 내민
풀을 밟고 지나가는 사람들이 있다

우리 집 아래층엔 누가 살고 있을까

포말하우트*

지하도 계단 앞에 쪼그려 앉은
할머니 곁에 폐지 실은 수레가 있다

그림자도 이글대는 한낮
햇볕이 쓰다듬고 있는 시루떡을 먹는다
목마른 주머니는 물을 원치 않았다

채워지지 않은 허기 달래고 있을 뿐
녹슨 하루가 체하지 않을까

나는 그늘만 골라주고 싶었다

할머니 성성한 머리칼을 담아 올린
나비 모양 큐빅 핀은 부식 중

군데군데 별이 빠져나가고
군데군데 가족도 빠져나갔다

*

허공에 외로운 물고기 한 마리
우, 우, 울어도 새벽까지 혼자였다

수많은 행성 사이로 흘려보낸 눈물
(너무 울어 목이 부은 것 같아
소리쳐도 먼지 같은 하얀 바람만 올라와)

물고기 입에는 검버섯 돋고
비릿한 아가미만 헐떡이다가
달빛으로 가득 차 홀로 붉어졌다

더는 지켜볼 소식이 없으므로

빈 물병 되어 남쪽 깊이 잠긴다

언제 저토록 휘황하게 울어보려나

뼈마디를 조각조각 곱게 뿌린 밤

* '물고기의 입'이라는 뜻을 가진 외로운 별.

해설

다시 쓰는 일은 다시 사는 일

고봉준(문학평론가)

다시 쓰는 일은 다시 사는 일
– 성은주의 시세계

1.

바닥에 가보면 알 수 있다

가장 낮은 곳에서

물의 혀가 스친 자리마다

문장이 수초처럼 자란다

다시 쓰는 일은 다시 사는 일

그는 오늘도 살아보겠다고

먹물을 터뜨려 침묵을 펼친다

검게 번지는 세상을 더듬다가
움켜쥐는 대신 감싸며 붙잡는다

조약돌, 조개껍데기, 병 조각, 낚싯줄

죽지 않고 남겨진 것들은
작은 불빛 흔들고 심해로 가듯

그도 바닥으로 가 무늬를 지운다

— 「문어」 전문

성은주의 첫 시집 『창』은 "창문을 읽다가/깨진 조각으로 글씨를 썼다"(「창」)라는 진술로 시작해서 "적힌 대로 살지 않는/큰언니라는 책"(「낮달」)이라는 진술로 끝난다. '읽기'와 '쓰기', '창문'을 통해 세상을 바라보는 시선, 이것들은 성은주 시의 기본적인 구도이다. 시인에게 세상은 일종의 문장과 같다. 그녀에게 세상은 봄, 즉 단순한 관조가 아니라 적극적으로 읽어야 할 대상이다. 따라서 창밖의 풍경을 응시하는 화자의 행위는 세상이라는 문장을 읽는 행위라고 이해할 수 있다. '보기=읽기'라는 이러한 등식은 두 번째 시집의 입구에 배치된 「문어」에서 '쓰기=살기'로 변주되고 있다. 시인에게 '쓰는 일'과 '사는 일'은 별개가 아니다. 시인은 이러한 인식을 바다의 '바닥'에서 살아가는 '문어'에게서 발견한다. '바닥'에서는 "물의 혀가 스친 자리마다/문장이 수초처럼 자"라고, '문어'가 "오늘도 살아보겠다고/먹물을 터뜨려 침묵을 펼"친다. '바닥', 즉 가장 낮은 곳은 수초가 자라고 문어가 먹물을 터뜨리는 삶의 공간이다. 시인은 이 생명의 자연스러운 활동에서 '문장'과 '먹물'이라는 글쓰기와의 연관성을 찾아낸다. 여기에서 '문어'의 '먹물'이 시인의 잉크를 연상시킨다는 사실을 이해하기는 어렵지 않다. 하지만 이 시의 핵심은 시인과 문어, 먹물과 잉크의 유사성에 있지 않다. 더 본질적인 것은 '문어=시인'의 태도, 즉 "검게 번지는 세상을 더듬다가/움켜쥐는 대신 감싸며 붙잡는다"라는 진술이다. 시인에게 시는 대상을 '움켜쥐는' 것이 아니라 "감싸며 붙잡는" 일이다. 움켜쥐는 것은 포획 내지 소유, 즉 타자의 타자성을 박탈하는 행위이다. 반면 감싸며 붙잡는 것은 연대 혹은 환대로서의 껴안음이라고 말할 수 있다. 문어는, 아니 시인은 무엇을 껴안는가? "조약돌, 조개껍데기, 병 조각, 낚싯줄"을 껴안는다. 이것들은 유용성이 없는 자연적 대상이자 유용성을 상실한 잔해이다. 시인은 "가장 낮은 곳"에서 이것들을 환대하고 껴안는다. 이러한 시인의 몸짓은 새로운 관계 맺기의 시도처럼 읽힌다. 그렇다면 마지막 행에 등장하는 자신의 '무늬'를 지우는 문어의 행위는 어떻게 이해해야 할까? 추측건대 그것은 이 새로운 '관계'가 자신을 비워내는 일, 자기중심적인 사고에서 한 발짝 벗어날 때 시작될 수 있다는 의미일 듯하다.

2.

성은주의 두 번째 시집은 '관계'에 대한 지향이 특징이다. 인간을 포함한 모든 존재는 다양한 관계를 맺으며 살아간다. 우리가 살고 있는 지구 자체가 거대한 관계의 집합체이며, 그런 한에서 관계는 이미-항상 우리의 존재 조건이다. 사실 '관계'는 그 자체로 긍정적인 것도 부정적인 것도 아니다. 우리는 혼자 있다고 느낄 때조차 사실은 나 아닌 존재들과 다양한 관계를 맺고 있다. 우리는 '관계'를 지나치게 인간적인 것으로 이해함으로써 인간 아닌 것, 가령 바람, 햇빛, 구름, 공기 등과 관계를 맺고 살아간다는 사실을 망각한다. 하지만 우리는 인간보다 인간 아닌 존재들과의 관계에 더 많이 의존하면서 살아간다. 사정이 이러함에도 우리가 종종 자신을 모든 관계에서 단절된 존재, 요컨대 단독자로서의 개인이라고 상상하는 이유는 인간 아닌 존재의 존재함, 즉 있음(being)을 부재로 인식하거나 '관계'를 지나치게 인간을 중심으로 이해하고 있기 때문이다. 존재에 대한 근대적 사고, 그리고 모든 관계를 단절시킴으로써 삶을 고립되어 살아가는 과정으로 느끼게 만드는 도시라는 현대적 삶의 조건, 이것들이 바로 관계에 대한 단절과 인식의 왜곡을 초래하는 원인이라고 말할 수 있다.

창가에 놓인 화분처럼 앉아서 우린 구부러진 골목을 바라봤지요

이삿짐 트럭 옆으로 배달 오토바이 옆으로 가로등이 켜지고
보이지 않는 것들이 보이기 시작해요

우리 여기서 살 수 있을까요

살아남은 책장 한 모퉁이에 널어놓은 빨래가 다 마를 때까지
거기 누구 없나요
외쳐도
열리지 않는 이웃집 대문이 있어요

꾹 눌러놓은 빨래집게 같은 사람들

내 것이 아닌데 내 것처럼 보이는 열쇠를 쥐고

고층으로 올라가 구멍 찾는 흉내라도 내야죠

한쪽으로 휩쓸려 가더라도 겁내지 말고 옆에 앉아요
　　　　　　　　　　　　　－「코끝의 도시」 전문

도시는 촘촘한 관계로 직조된 그물망의 세계이다. 하지만 도시인들에게 도시는 관계가 아니라 고독과 외로움의 공간으로 인식된다. 도시는 단절의 감각을 강제한다. 이어폰을 꽂은 채 스마트폰을 응시하고 있는 눈동자들, 해가 진 후 선명하게 드러나는 격자 모양의 불 켜진 아파트, 무관심으로 무장한 채 맹렬한 속도로 거리를 질주하는 행인들 ……. 도시는 수많은 사람이 모여 있는 밀집된 세계이지만, 군중 속의 고독이라는 말처럼 사람들은 그곳에서 연대감이 아니라 파편화된 상태로 오직 각자도생의 삶을 살아간다. 시집의 뒷부분에 배치된 「초」는 이러한 도시적 삶의 풍경을 전면화하고 있다. 이 시의 공간적 배경은 아파트이다. "앞집 현관문이 열리고 한 사람이 나온다"라는 진술로 시작되는 이 시에서 아파트는 낯선 사람들, 특히 타인에 대해 무관한 채 개별적인 존재로 살아가는 사람들이 아무런 정서적 유대감 없이 모여 있는 삭막한 세계로 그려진다. 화자는 엘리베이터 앞에서 우연히 마주친 앞집 사람에게 '말'을 붙이려 한다. 하지만 그가 "처음 초를 켜듯" 조심스럽게 건넨 '말'의 '심지'는 이웃집 사람의 눈빛을 잠시 흔들었을 뿐, 이내 '그을음'을 남기고 대기 속으로 사라진다. 아파트 현관문을 나선 사람들의 공통적인 관심사는 "바닥에 닿는" 데 있을 뿐 우연히 마주친 앞집 사람이나 엘리베이터의 동승자에게 있지 않기 때문이다. 우리는 아파트의 엘리베이터 내부가 숨이 막힐 것 같은 침묵과 정적으로 가득 채워지는 순간을 수시로 경험한다. 이러한 침묵은 도시적 삶의 기본적 에토스이다. 도시에 존재하는 것들은 대개 공유를 전제로 만들어진 것이지만 타인과의 공유, 즉 관계만큼 도시인들에게 어려운 일도 없다. 거대한 소셜네트워크의 연결망이 도시의 하늘을 뒤덮고 있지만 정작 도시인들은 고독과 외로움을 감내하면서 살아간다. 인용시의 마지막에서 화자는 이러한 아파트 생활의 불문율을 깨고 "우리 집 아래층엔 누가 살고 있을까"라는 질문을 던진다. 화자의 이 궁금증이 타인의 삶에 대한 무관심이라는 도시적 에토스(Ethos)를 넘어설 수 있을지는 장담하기 어렵지만 단자적 존재로 분할된 채 살아가는 도시적 삶의 조건에서 벗어나 '관계'를 지향하려는 몸짓을 함축하고 있는 것은 분명하다.

「코끝의 도시」에서 '관계' 지향은 한층 더 분명하게 드러난다. 화자는 정체를 알 수 없는 누군가와 함께 창밖의 "구부러진 골목"을 바라보고 있다. 그 골목 풍경 속에는 '이삿짐 트럭'과 '배달 오토바이'가 등장한다. 그리고 잠시 후 가로등이 켜지자 "보이지 않는 것들이 보이기 시작"한다. "보이지 않는 것들이 보이기 시작한다"라는 건 무슨 의미일까? 추측건대 단순한 광학적 현상, 그러니까 어두워서 보이지 않던 것이 가로등이 켜지자 비로소 보인다는 의미는 아닌 듯하다. 이 경우라면 '보이지 않는 것들'보다는 '보이지 않던 것들'이라고 표현하는 게 타당할 것이기 때문이다. 그보다는 일상적 시선으로는 포착되지 않는 것들이 이 순간 눈에 들어왔다는 의미에 가까울 듯하다. 그게 무엇일까? "살아남은 책장 한 모퉁이에 넣어놓은 빨래가 다 마를 때까지" "거기 누구 없나요"라고 외쳐도 "열리지 않는 이웃집 대문"이 바로 그것이다. 도시의 대문들은 좀처럼 열리지 않는다. 특히 외부의 자극으로 인해 열리는 경우는 극히 드물다. "꾹 눌러놓은 빨래집게 같은 사람들"이란 이러한 외부의 자극, 이를테면 트럭이 누군가의 이삿짐을 싣거나 내리는 것, 배달 오토바이가 음식을 배달하기 위해 소리를 내고 골목을 누비는 것 같은 소리에도 반응하지 않는, 타인에 대한 무관심의 장벽 속에 웅크린 채 살아가는 사람들일 것이다. 성은주의 시에서 '골목'은 "너라는 길이 나로 이어지는 골목"(「Kiss」)이라는 표현처럼 '연결'과 '접속'의 객관적 상관물로 등장하기도 한다. 하지만 이 시에서 '골목'은 도시적 삶의 일부이나. '관계'의 흔적이 느껴지지 않는, 정적과 무관심이 흘러 다니는 이곳에서 화자는 "한쪽으로 휩쓸려 가더라도 겁내지 말고 옆에 앉아요"라고 낮은 목소리로 발화한다. 여기에서 주목할 점은 익명의 대상을 향해 "겁내지 말고 옆에 앉아요"라고 말을 건네는 화자의 낮고 조심스러운 목소리의 태도이다.

밤 열한 시, 야간 수거함에
얼룩이 접혀 들어간다

소리를 삼킨 바닥에 흘린 발자국들이 빠르게 회전하다가
겹쳐지고 서로 얽히고 금세 지워신다

소매 끝 실밥처럼 자르지 못한 말

매듭짓지 못한 마음은 탈수되지 못한 채 계속 물기를 흘린다

어깨가 늘어진 니트처럼, 팔 길이가 맞지 않는 셔츠처럼, 뜯긴 라벨처럼, 고장 난 지퍼처럼, 버려진 옷걸이처럼, 우리는 서로에게 인사를 건네지 않는다

손잡이 없는 서랍이 되어

그리움은 주소 없이 도착한다

불 꺼진 유리창 너머 분실물이 된 당신의 이름은
다림질된 기억으로 얇게 접혀 있다

단 한 번도
옷을 정리해 준 적 없는 도시에서
나는 매일
말리지 못한 마음을 입는다

—「세탁」 전문

성은주의 시에서 도시는 고립과 단절의 세계로 그려진다. 도시인들의 라이프 스타일, 아파트로 대표되는 주거 형태, 그리고 대화와 대면 관계가 필요 없는 소비 방식 등은 타인의 시선으로부터 개인을 방어함으로써 심리적 안정감을 가져다주지만, 실상 그 안정감은 어느 누구도 우리의 존재에 관심이 없다는 고립과 단절의 이면일 따름이다. 도시적 삶은 이러한 고립과 단절, 그리고 분리에서 오는 안정감 사이를 끝없이 왕복하는 시소게임과 유사하다. 인용시에 등장하는 세탁물 '야간 수거함' 역시 비대면 방식, 즉 도시적 삶의 방식 가운데 하나이다. "밤 열한 시, 야간 수거함에/얼룩이 접혀 들어간다"라는 진술에서 알 수 있듯이 여기에서 '야간 수거함'은 야간 세탁 수거 서비스를 위해 설치된 장치인 듯하다. 밤늦은 시간, 화자는 '얼룩'이 생긴 세탁물을 야간 수거함에 넣는다. 이 서비스를 이용하는 사람이 화자 혼자는 아니었을 것이다. 그녀가 야간 수거함을 방문했을 때, 아니 그 이전이나 이후에도 많은 사람이 그곳을 다녀갔을 것이다. 화자는 이러한 상황을 "발자국들이 빠르게 회전하다가/겹쳐지고 서로 얽히고 금세 지워진다"라고 표현하고 있다. "겹쳐지고 서로 얽히는 발자국"은 공동생활, 그러니까 도시적 일상의 필연적 결과이다. 하지만 이 숱한 발자국들은 어떠한 관계도 형성하지 못한다. 시인은 이러한 도시적 일상의 단절감을 야간 수거함에 담겨 있는 다양한 종류의 세탁물, 가령 "어깨가 늘어진 니트"와 "팔 길이가 맞지 않는 셔츠"와 "뜯긴 라벨"과 "고장 난 지퍼"와 "버려진 옷걸이"가 함께 모여 있는 상태에 비유한다. 도시적 실존이 그러하듯이 야간 수거함 속의 세탁물들은 함께 있지만 언제나 단독자로서 존재할 따름이다. 요컨대 거기에는 수많은 '나'가 있을 뿐 그 이상의 무엇은 존재하지 않는다. 하지만 화자는 이러한 상황에 머물기를 거부하는 듯하다. "자르지 못한 말"과 탈수되지 못한 채 물기를 흘리는 "매듭짓지 못한 마음"이 그것을 말해준다. 이때의 '말'과 '마음'은 "주소 없이 도착"하는 '그리움'과 마찬가지로 전적으로 타인을 향한 것이다. 시인은 "불 꺼진 유리창 너머"에 도달하려는 마음으로 인해 "매일/말리지 못한 마음"을 입는다. 요컨대 성은주의 시에서 '관계'는 도시가 강제하는 고립과 단절을 넘어 어딘가에 도달하는 것, 즉 성공한 사건이 아니라 "움켜쥐는 대신 감싸며 붙잡는"(「문어」) 방식으로 타인의 존재를 마음에 새기는 행위에 가깝다.

육지와 섬이 손잡으면 바다에 밑줄이 생긴다

떨면서 사랑을 고백하는 하얀 이

거가인지 가거인지 정확하게 고백하는 연습

도란도란 혀를 굴리며 만들어 낸 몽돌

파도가 우리의 발목을 잡아끌어도

해저까지 푹 빠져들어 가 잠든다

잠꼬대하듯 쏟아놓은 말로 빈칸을 채우면

등을 켠 고깃배가 우리를 가로지른다

—「거가대교」 전문

'관계'는 타인의 삶을 자신의 시야에 두는 태도에서 시작된다. 그리고 타인의 삶을 시야에 두기 위해서는 먼저 시선, 즉 관심이 자신의 내부가 아니라 바깥을 향해야 한다. 철학자 에마뉘엘 레비나스는 내면을 향해 고착된 우리의 관심을 바깥으로 들려놓는다는 의미에서 타자를 구원자라고 명명했다. 그에 따르면 존재한다(Existence)는 것은 바깥/타자(ex)를 향해 열리는 탈존(ex-sistance)이자 타인을 향해 열리는 외존(ex-position)이다. 이러한 시선의 이동은 「문어」에서 '무늬'를 지우는 '문어'의 행동처럼 자신의 중심성을 제한할 때만 가능하다. 이 존재론적 사건 안에서 '타인'은 형식논리적인 의미에서의 타인, 즉 남이 아니라 "조약돌, 조개껍데기, 병 조각, 낚싯줄"(「문어」)처럼 세상의 가장자리에 놓인 존재일 것이다. 이를테면 "골목에 버려진 책"(「길고 흰 책」)이 그렇고, 친구들에게 "퓨전 형 인간"(「코시안」)이라고 놀림을 당하는 코시안이 그러하며, "지하도 계단 앞에 쪼그려 앉은/할머니 곁에 폐지 실은 수레"(「포말하우트」)가 또한 그렇다. 이것들 가운데 어떤 것은 시간의 법칙 속에서 사라지기도 한다. "살다 보면 살아지는 걸까/살다 보면 사라지는 걸까"(「당신의 계절」)라는 시인의 물음처럼 우리는 어떤 존재가 시간의 저편으로 사라지는 순간을 경험하면서 살아간다. 시인에게 이 존재들은 "넘겨지지 않는 페이지"와 "어디에도 속하지 못한 문장"(「길고 흰 책」)으로 각인된다. 살다 보면 어쩌다가, 늘 그런 것은 아니지만 이따금씩, 이런 존재들에 시선을 빼앗길 때마다 시인은 시를 쓴다. "오래된 슬픔을 한 줄씩 말리고/새들이 떠나는 방향으로 문장은 열린다"(「연화정도서관」)라는 진술처럼 시는 바로 이러한 순간에 시인에게 온다. 요컨대 시의 존재론 안에서는 세상 어떤 것도 완전히 사라지는 일이 없다. 시간, 기다림, 기억, 언어…, 이러한 사건들로 인해 그것들은 이미-항상 우리들 마음속에서 빛을 내뿜을 것이기 때문이다. 문학의 언어는 그것을 "끝날 줄 모르는 이야기로 남"(「사라진 것들을 위하여」)기는 일, 그리하여 "서성거리는 구름 사이로/떠나간 사람"과 "곁에 있다가 없어진 시간"(「나홀로 나무」)에 밑줄을 긋는 행위일지도 모르겠다.

'거가대교'는 부산과 거제를 잇는 다리이다. 화자는 이러한 다리 이미지를 "육지와 섬이 손잡으면 바다에 밑줄이 생긴다"라고 표현한다. 여기에서 '다리'는 관계의 객관적 상관물이며, 화자에게 그것은 '밑줄'로 감각된다. '시인의 말'에 등장하는 "바다를 가르는 배 한 척처럼/삶에 밑줄을 긋는다"라는 진술처럼 '밑줄'이나 '선 긋기'는 성은주의 시에서 '글쓰기'와

'관계'를 동시에 표상한다. 화자는 이러한 '밑줄(선)'에서 사랑을 고백하는 인간의 형상과 "바다가 날마다 원고를 고"(「몽돌」)쳐 만든 '몽돌'의 둥근 마음을 읽는다. 이 사랑의 표현을 '거가'라고 불러야 할지 '가거'로 불러야 할지 망설였던 순간도 없지 않겠지만 '다리'는 파도가 발목을 잡아끌어도 끝내 "해저까지 푹 빠져들어 가" 사랑의 사건을 탄생시킨다. 이러한 '다리=선'이 '관계'의 상징이라는 사실을 이해하기는 어렵지 않다. 그리고 '몽돌'로 표상되는 둥근 형상이 "지금은/서로의 곁을 어루만져/닮은 부분을 애타게 찾는 시간"(「모르는 사람들」)이라는 진술처럼 뾰족하고 날카로운 것들이 서로 부딪혀 만들어진 곡선이라는 사실 역시 기억되어야 할 것이다.

3.

성은주의 시는 윤리적이다. 그녀의 시는 세상의 경계로 내몰리는 존재들의 삶, 유용성을 인정받지 못해 버려지는 사물들에 관심을 집중하고 있으며, 세계와의 '불화'를 강조하는 동시대 젊은 시인들의 시와 달리 도시 문명이 강제하는 단자화된 분할을 넘어 자신의 바깥에 존재하는 모든 존재를 향해 따뜻한 손을 내뻗는다. 시인은 고독한 독주(獨奏)보다는 "느린 합주"(「파이프오르간」)을 선호하며, 세상과 타인을 향해 날카롭고 뾰족한 모서리를 내밀고 있는 형상보다는 몽돌의 "둥근 행성"(「몽돌」)에 한층 친밀감을 느낀다. 그녀의 화자들은 자신이 이러한 지향에서 멀어졌다고 생각할 때 부끄러움을 느낀다. 가령 「손」의 화자가 그렇다. 이 시의 화자는 대학병원 화장실 입구에서 "휠체어를 탄 사내가 방향 잃은 채 손을 놓고 있"(「손」)는 모습을 외면한 후 "불쑥 들켜버리는 얼룩 같은 부끄러움"(「손」)을 느낀다. 이러한 윤리적 태도는 단자화된 개인의 삶을 강제하는 도시의 질서에 반(反)하는 몸짓이다.

모르고 지나칠 뻔했다

적당히 떨어진 네 개의 테이블이
봄, 여름, 가을, 겨울
나무를 닮은 곳

창 너머로 서성이는
연두 이파리를 보는 게 좋았다

꺼진 골목을 어떻게든 켜보려고
붉은 벽돌 아래 기다림을 걸어 둔 곳

살다 보면 살아지는 걸까
살다 보면 사라지는 걸까

도산서원 가는 오르막길 한쪽에
간판이 지워진 카페가
꿈인지
잠인지 모를
비상등만 깜빡이고 있다

아쉽지만
영업은 이번 주를 끝으로 쉬게 되었어요
언제 돌아올지 모르지만
그동안 정말 감사했습니다

— 「당신의 계절」 전문

시인의 말에 따르면 '당신의 계절'은 대전에 위치한 카페 이름이다. 시의 내용에 비추어 추측해 보면 이곳은 "적당히 떨어진 네 개의 테이블"이 있는 작은 카페이다. 시인은 테이블 숫자와 '계절'이라는 카페의 이름을 연결해 "적당히 떨어진 봄, 여름, 가을, 겨울"이라는 진술에 이르렀을 것이다. 카페에 배치된 네 개의 테이블이 사계절을 뜻하는 것인지, 아니면 계절에 따라 변하는 창밖 풍경에 착안하여 '당신의 계절'이라는 카페 이름이 결정된 것인지는 분명하지 않다. 한 가지 분명한 것은 이 카페가 폐업했다는 사실이다. 화자는 어느 날 카페 근처를 지나다 "아쉽지만"으로 시작하는 폐업 안내문을 발견했다. "모르고 지나칠 뻔했다"라는 첫 행의 진술처럼 작은 카페가 문을 닫는 일은 주의를 끌 만한 사건이 아니다. 도시에서는 매일매일 엄청난 사건들이 다양한 미디어를 통해 실시간으로 전달되고, 하루에도 수없이 많은 카페가 문을 닫는다. 하지만 화자에게 카페의 폐업 소식은 뉴스 화면에 등장하는 정보가 아니다. 그녀에게 그곳은 "꺼진 골목을 어떻게든 켜보려고/붉은 벽돌 아래 기다림을 걸어 둔 곳"이었고, 그런 의미에서 카페의 폐업은 그녀를 "살다 보면 살아지는 걸까/살다 보면 사라지는 걸까"라는 실존적 물음으로 데려간다. 그리고 화자는 이 쓸쓸한 실존적 풍경 속에 깜빡이는 '비상등' 하나를 걸어놓는다. 화자에게 카페의 폐업은 단순한 공간의 사라짐이 아니다. 그것은 붉은 벽돌 아래에 걸어둔 기다림, 계절에 따라 다른 표정을 짓던 창밖 풍경, 그 공간을 떠돌던 말과 온기가 한꺼번에 사라진다는 의미이다. 이런 점에서 오르막길 한쪽에서 깜빡이고 있는 '비상등'은 실상 시인의 마음속에 남아 끊임없이 존재감을 알리는 '카페-세계'의 흔적인지도 모른다.

밀어오고 밀려가는 날씨 속에서 허우적대다가 방향을 잃었지. 자전거 타다가 넘어져 까진 무릎처럼 오래 아프고 쓰라렸어. 아무도 모르게 벗겨진 상처를 감싸고 다녔는데 엉뚱한 목소리가 날아와 조각조각 깨진 창문 앞에 서 있게 되었지. 무너지는 기도 소리가 들렸어. 모두 제자리로 돌아갈 수 없다는 걸 잘 알아. 주사위 놀이하듯이 뒤집고 뒤집히는 옆구리 숫자. 위태롭게 버티다가 뒤틀리니까 넘어지니까 보이는 것들이 있네. 어둡고서야 드러나는 별처럼, 깨지고서야 더 아름답게 빛난다는 스테인드글라스처럼, 바닥을 치고 튕겨 오르는 빛을 봤어. 떨어지고 깨져도 봄은 오고 나무가 솟아. 흙을 툭툭 털며 딱딱한 껍질을 뚫고 새잎을 밀어 올리네. 잔뜩 그을려도 삶은 애틋하게 피고 또 핀다. 다시, 부활의 힘으로 잊었던 계절과 순한 것들의 둘레에 앉아 찢기지 않는 점선이 되어 고요한 별자리를 따라 떠돌고 싶어. 칠곡 바람은 무너지는 높이를 눈치채고 기울어진 마음을 뒤집어 밀리지. 평생 가실성당 앞에서 무거운 종 매달던 감나무도 이젠 편안할 테니까.

―「칠곡」 전문

시가 '관계'를 지향한다거나 '윤리적'이라는 평가는 시인의 의도나 활자화된 축자적 의미를 근거로 한 것이 아니다. 시인의 지향은 출발점이 아니라 결과물을 통해 사후적으로 확인되는 것이며, '윤리' 또한 결과와 상관없이 태도에 부여된 평가이다. 시적 지향이란 행간을 통해 읽히는 것이어서 화자와 직접적으로 연결되지 않는다. 시에서 관계나 윤리 문제를 당위나 선험의 문제로 해석해선 안 된다. 이것은 성은주의 시에서도 마찬가지이다. 그녀의 시에는 '관계'나 '윤리'를 연상시키는 장면 못지않게 소통의 불가능성과 한계를 보여주는 장면도 다수 등장한다. 가령 "한 사람이 다른 한 사람을 있는 그대로/완전히 이해해 주는 것은 불가능한 일"(「어쩔 수 없는 일」)이라는 진술이 그렇다. 이러한 이해의 불가능성은 우리의 한계가 아니라 인간의 존재 조건이다. 시는, 시인의 역할은 이 "어쩔 수 없는 일"을 해내는 데 있지 않다. 오히려 이 한계를 직시하고 그 한계에 자신의 삶을 걸어둠으로써 현재를 성찰하는 것, 이 한계에도 불구하고 현재 바깥을 넘보는 일이야말로 시인의 몫일 것이다. 타인과의 관계는 파이프오르간을 연주하는 일과 같은 것일지도 모른다. "철자가 틀리게 쓰거나 발음을 다르게"(「파이프오르간」) 할 때 우리의 관계는 "진도가 전혀 나가지 않는 건반 연습"처럼 파국에 도달할 수도 있다. 이러한 관계에서 파국이라는 결과에 초점을 맞출 것인지 낯선 이들이 모여 "서로의 곁을 어루만져/닮은 부분을 애타게 찾는 시간"(「모르는 사람들」)을 강조할 것인지는 전적으로 시인의 선택이다. 「칠곡」은 이러한 시인의 선택이 잘 드러나는 작품이다.

칠곡은 경상북도에 속하는 군(郡)의 지명이다. 칠곡에는 '스테인드글라스'와 여름이면 붉은 꽃이 피는 배롱나무, 그리고 성당을 둘러싸고 있는 순례길과 아름다운 숲으로 유명한 가실성당(佳室聖堂)이 있다. "조각조각 깨진 창문"과 "가실성당"이라는 시어에서 짐작할 수 있듯이 시인 역시 '가실성당'을 방문하고 있다. 그녀는 자신이 시간의 질서 속에서 어느 순간 "방향"을 잃었음을 고백한다. 방향 상실, 시인에게 그것은 "오래 아프고 쓰라"린 상처였고, 그럼에도 그녀는 그 상처를 드러내지 않기 위해 오랫동안 감싸고 다녔다. 그런 어느 날 시인은 우연히 성당을 찾았고, 그곳에서 "엉뚱한 목소리"에 이끌려 "조각조각 깨진 창문" 앞에 서게 되었다. 그 "엉뚱한 목소리"의 정체는 "기도 소리"이다. 이곳에서 그녀는 이전에는 미처 보지 못한 것을 본다. 그것이 무엇일까? 시인에 따르면 그것은 위태롭게 버틸 때는 보이지 않다가 "뒤틀리니까 넘어지니까 보이는 것들"이다. 시인이 말하는 방향 상실의 구체적 내용에 대해서는 알 수가 없다. 다만 그것이 "모두 제자리로 돌아갈 수 없다는 걸 잘 알아."라는 진술과 관련이 있다는 것만을 추측할 수 있을 뿐이다.

시인이 이 새로운 발견을 어둠을 배경으로 자신을 드러내는 '별'과 조각난 이후에 더욱 아름답게 빛나는 '스테인드글라스', 바닥을 치고 튕겨 오르는 '빛'과 나란히 놓는다. 이것들은 모두 상처를 배경으로 한다. 요컨대 시인이 말하는 "뒤틀리니까 넘어지니까 보이는 것들"이란 '상처'의 자리가 새로운 시작의 자리라는 깨달음과 다르지 않다. 가령 떨어지고 깨져도 오는 '봄'과 솟아오르는 '나무'가 그러하고, 딱딱한 껍질을 뚫고 자신을 밀어 올리는 '새잎'이 그러하다. 시인은 상처의 자리에서 새롭게 피고 또 피는 '삶'에 주목한다. 그리고 "다시, 부활의 힘으로 잊었던 계절과 순한 것들의 둘레에 앉아 찢기지 않는 점선이 되어 고요한 별자리를 따라 떠돌고 싶어."라고 되뇌인다. '상처'에 대한 시인의 생각이 "다시 쓰는 일은 다시 사는 일"(「문어」)이라는 인식을, 그리고 그 '상처'의 자리가 "가장 낮은 곳"(「문어」)의 또 다른 이름임은 분명하다. 성은주의 시에서 '상처'는 고통과 패배의 자리가 아니라 새로운 관계가 시작되는 지점, "다시 사는 일"이 시작되는 도약대이다. 시인에게는 바로 그 자리가 시(詩)의 장소이기도 하다.